INDÉPENDANCE

DES

MAIRES

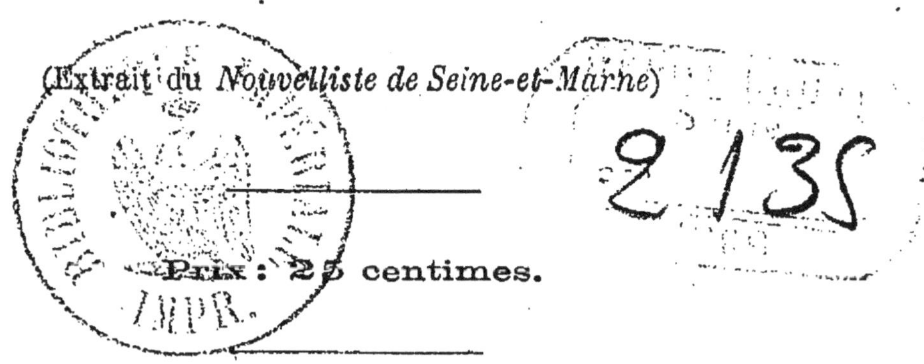

(Extrait du *Nouvelliste de Seine-et-Marne*)

Prix : 25 centimes.

PARIS

A. SAUTON, ÉDITEUR,

8, rue des Saints-Pères, au premier.

1869

ÉTUDES SUR L'ANGLETERRE

LES ÉLECTIONS DE 1868

ET

LE CABINET GLADSTONE

Par EDOUARD HERVÉ

In-12.—Prix: 3 50.

Envoi *franco* contre timbres-poste.

INDÉPENDANCE

DES MAIRES.

Dans les campagnes comme dans les villes, on discute aujourd'hui une question d'un intérêt pressant à la veille des élections générales, la question de l'indépendance des Maires vis-à-vis du Pouvoir. Par quelle erreur de raisonnement beaucoup d'esprits ont-ils pu s'habituer à croire que le Maire est tenu de subir et d'appuyer les candidatures administratives? Il importe que la confusion des idées soit dissipée sur un sujet qui touche à la pratique sincère du suffrage universel et à l'honneur de la magistrature municipale.

Les fonctions de Maire sont dignes de respect. Elles demandent, pour être bien remplies, de rares qualités, la droiture, la fermeté, le dévouement. Le Maire se consacre gratuitement au service de ses concitoyens et nul fonctionnaire ne contribue plus que lui au bien public.

A certains points de vue les attributions du Maire ont, dans un pays démocratique, une véritable supériorité sur celles du Préfet.

On ne saurait choisir un Maire arbitrairement. Il doit tenir son pouvoir du vœu de ses concitoyens. L'imperfection de notre législation permet, il est vrai, soit de prendre le Maire en dehors des conseils municipaux, soit de donner à ses fonctions une durée excédant celle du mandat de conseillers. Mais l'opinion publique et la raison imposent une ligne de conduite plus sensée. Le Maire doit être le représentant de sa commune.

Qu'il soit injustement destitué, ses liens avec la localité ne sont pas brisés, et souvent l'influence de l'homme s'en accroît. Le Préfet, au contraire, ne représente pas ses concitoyens. A peine éloigné, il devient étranger au département.

Tout concourt donc à rehausser la dignité des fonctions de Maire. Mais si l'on veut qu'elles excitent, comme c'est désirable, l'ambition des bons citoyens, il faut éviter tout ce qui peut porter atteinte au prestige de ces fonctions et ne pas demander aux Maires de jouer un rôle que ni le bon sens ni la loi ne justifient.

Qu'on nous montre la loi qui permet de transformer les Maires en agents électoraux! Beaucoup de Maires n'admettent pas aujourd'hui qu'on leur attribue ce rôle. Les exemples d'indépendance se multiplient. Récemment, pour n'en citer qu'un seul, extraït du *Moniteur*, le Maire de Flacé, ayant reçu du Préfet de Saône-et-Loire des placards à afficher en faveur du candidat officiel, demanda un ordre formel et par écrit, basé sur des textes de loi ou des règlements d'administration publique. Le Préfet, ainsi mis en demeure, ne put que se borner à une simple prière de faire apposer les affiches.

Rien dans notre législation ne justifie la pression que l'on a trop souvent exercée sur les Maires. Nos Codes, au contraire, semblent entourer l'indépendance de ces honorables magistrats des soins les plus jaloux. La loi va jusqu'à les protéger contre eux-mêmes, c'est-à-dire contre les entraînements et les passions que le spectacle de la lutte peut faire naître dans le cœur humain. En effet, toutes les peines qui ont pour but de garantir la liberté électorale, deviennent doubles quand le coupable est fonctionnaire public.

Les lois établissent donc, l'indépendance du Maire. Les convenances l'exigent également. En acceptant l'écharpe municipale, doit-on abdiquer son libre arbitre, ses droits d'homme et de citoyen? Subira-t-on une contrainte à laquelle les fonctionnaires, même rétribués, ne peuvent être assujettis? Le Maire doit-il se servir de son autorité pour nuire à la liberté électorale qu'il est chargé de protéger?

Qui peut soutenir une pareille théorie?

Nul fonctionnaire n'est tenu de voir un ennemi de l'ordre établi dans un candidat que poursuivrait une politique aveugle. L'opinion publique penche plutôt aujourd'hui du côté des hommes dévoués à l'ordre et ennemis des bouleversements, mais indépendants de l'administration actuelle, comme de tout autre parti, et résolus à défendre les intérêts du peuple. Beaucoup de Maires auront assez de patriotisme et de lumières pour préférer l'indépendance consciencieuse à l'approbation systématique qui perd les gouvernements. Comme citoyens, ils ont le droit de donner leur vote à qui bon leur semble : comme Maires, ils ont le devoir de garantir la liberté électorale.

A un autre point de vue, celui de la bonne administration et de la paix des communes, est-il sage de pousser les Maires vers l'arène ardente des passions électorales ?

Dans une commune, image d'un Etat, la gestion municipale est discutée, combattue ; c'est le sort inévitable de tout pouvoir et on ne saurait s'en plaindre. La discussion, c'est la lumière et l'honnêteté. Mais administrer, n'est-ce pas souvent faire des mécontents? Est-il censé de pousser le Maire à multiplier les difficultés de son administration, en le forçant à quitter son rôle naturel et légal de magistrat pour celui de combattant. Sa tâche d'administrateur était déjà lourde, le régime des candidatures officielles la rend plus pesante encore. Et dans un temps où le suffrage universel veut prendre la libre possession de lui-même, ce régime porte une grave atteinte au prestige de l'autorité municipale.

La question de l'indépendance des Maires n'a jamais été discutée dans les Chambres, sans mettre à une épreuve redoutable les avocats des candidatures officielles. Entraînés par l'évidence et la raison, les Ministres ont même prononcé de bonnes paroles qui sont des promesses peut-être.

Nous reproduisons textuellement l'incident parlementaire suivant (*séance du 2 juillet* 1868.)

« M. Thiers. — Est-il vrai que dans
» une administration bien entendue, M. le
» Ministre de l'intérieur commande aux
» préfets et que les préfets commandent
» aux sous-préfets? Est-il vrai que les uns
» et les autres donnent des ordres, qui
» sont toujours fort obéis, à MM. les Mai-
» res ; il y a ici des membres du Conseil
» d'Etat ; qu'ils me disent : oui ou non.

» Son Exc. M. Rouher, ministre
» d'Etat. — Non.

» M. Thiers. — M. le Ministre me ré-
» pond : Non !

» M. le Ministre d'Etat.—CE N'EST

» PAS TOUJOURS VRAI POUR LES
» MAIRES QUI ONT DES ATTRIBU-
» TIONS PROPRES; ET LES PRÉ-
» FETS NI SOUS-PRÉFETS, DANS CE
» CAS, N'ONT RIEN A LEUR COM-
» MANDER.

» M. THIERS.—Oui, mais vous pouvez
» les destituer.

» M. ERNEST PICARD. — Il faudrait les
» faire nommer par les électeurs.

» M. THIERS. — Eh bien, soit! Les
» Maires sont indépendants; nous pour-
» rons en juger dans quelques mois. Ils
» sont, je crois, 37,000 en France; JE
» LES SUPPLIE D'ÉCOUTER CES
» PAROLES : « LES MAIRES SONT
» INDÉPENDANTS! » (Rires et appro-
» bation à gauche de l'orateur.)

» M. JULES FAVRE. — Nous verrons » cela aux élections.

» M. LE MINISTRE D'ETAT. — OUI, » J'ESPÈRE QU'ILS VOUS LE PROU- » VERONT. »

Nous souhaitons que l'espérance de M. le Ministre d'Etat se réalise. Le respect de l'indépendance des Maires sera, de la part du Gouvernement, à la fois un juste hommage rendu à la dignité de leurs fonctions et un acte de bonne politique.

LOUIS DE SÉGUR,
Membre du conseil général de Seine-et-Marne.

Paris.—Imprimerie de E. Brière, 257, rue Saint-Honoré.

A. SAUTON, Libraire, 8, rue des Saints-Pères,

AU PREMIER.

LES FINANCES

ET

LE MONOPOLE DU TABAC

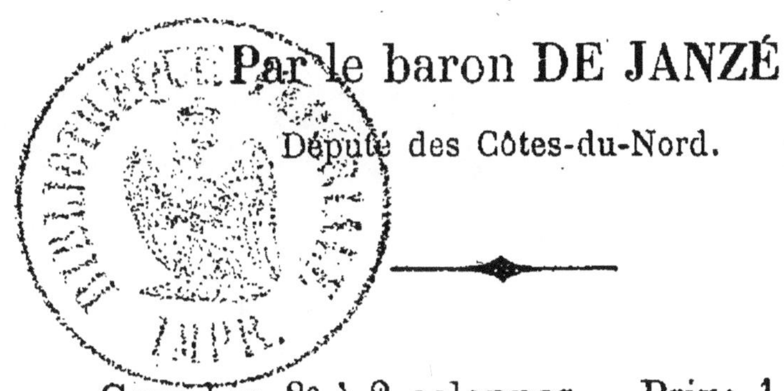

Par le baron **DE JANZÉ**

Député des Côtes-du-Nord.

Grand in-8° à 2 colonnes.—Prix: 1 fr. 25.

Envoi *franco* contre timbres-poste.

www.ingramcontent.com/pod-product-compliance
Lightning Source LLC
LaVergne TN
LVHW010221230826
846091LV00008BB/3617

* 9 7 8 2 0 1 2 4 6 7 4 4 6 *